O GUIA**COMPLETO**PARA TOCAR**BLUES**NA**GUITARRA**

Livro 1: Guitarra base

JOSEPH**ALEXANDER**

FUNDAMENTAL**CHANGES**

O Guia Completo Para Tocar Blues na Guitarra

Livro Um - Guitarra Base

Publicado por **www.fundamental-changes.com**

ISBN: 978-1910403402

Para Mais de 350 Aulas de Guitarra Com Vídeos Grátis, Acesse:

www.fundamental-changes.com

FB: **FundamentalChangesInGuitar**

Instagram: **FundamentalChanges**

Conteúdo

Introdução

O que significa quando alguém diz que toca 'blues na guitarra'?

A variedade completa de estilo musical dentro do gênero "Blues" é quase imensurável: seria impossível abranger toda ela em apenas uma centena de páginas de textos e exemplos.

As raízes do blues, como um estilo musical bem documentado na cultura popular, estão nas 'spirituals', 'work songs' e 'field hollers' cantadas pelo afro-americanos na época da escravidão e nos anos após a abolição. Consequentemente, o blues é rico no ritmo, harmonia, melodia e fraseado afro-americano. Uma das mais importantes estruturas melódicas que conservam uma forte ligação com esse tempo é a execução do 'call and response' ou antifonia, onde uma 'pergunta' musical é cantada e então respondida por diferentes vozes.

Desde a primeira referência gravada do Blues, de Antonio Maggio, *I Got the Blues* (1908), o gênero musical cresceu, expandiu-se e desenvolveu-se em muitos subgêneros diferentes. Desde o primitivo 'Delta' blues, passando pelo 'Texas' blues e posteriormente o rock contemporâneo, quase toda a música que ouvimos hoje deve sua origem ao blues.

Cronologias do blues estão amplamente disponíveis e esse não é o lugar para uma aula de história (embora o *Land Where The Blues Began* (1993), de Alan Lomax, seja um bom lugar para começar!). De qualquer forma, é essencial que qualquer um que deseje estudar a guitarra blues moderna entenda as raízes da linguagem.

Embora a lista de nomes a seguir possa não satisfazer ao seu gosto pessoal; por favor, gaste algum tempo ouvindo as primeiras performances do blues. Algumas gravações são ruins (ou talvez nem sequer contem com uma guitarra), mas você deve ser capaz de identificar elementos nessas raízes primitivas que influenciaram o trabalho de guitarristas mais contemporâneos, como B.B. King e os recentes Stevie Ray Vaughan e Robben Ford.

Eu considero a música dos seguintes músicos precursores do blues essencial de ser ouvida:

Bessie Smith

Ma Rainey

Big Bill Broonzy

Blind Lemon Jefferson

Charley Patton

Leadbelly

Lonnie Johnson

Robert Johnson

Son House

Enquanto a construção de guitarras melhorava ao longo dos anos 1950 e os guitarristas se tornavam mais proficientes nos solos, muitos outros nomes familiares associados com a guitarra no blues ficaram famosos. Auxiliados pelo acesso mais fácil do público a gravações de música, artistas como T-Bone Walker, John Lee Hooker, Muddy Waters, Howlin' Wolf e B.B. King ajudaram a moldar o estilo sonoro da guitarra blues. Mais uma vez, quaisquer gravações desses artistas e outros do final dos anos 1940 até os 1960 são de audição essencial.

Embora essas eras tenham ajudado a definir o som da guitarra blues na música, o fim dos anos 1960 até os 1980 ficaram marcados como o período no qual o estilo moderno de guitarra do blues se tornou a base do hard rock. Bandas como The Yardbirds e Led Zeppelin, compostas por guitarristas como Jeff Beck, Eric Clapton e Jimmy Page, pegaram as influências dos artistas de blues afro-americanos e transformaram o blues no rock que conhecemos hoje.

Os álbuns inovadores de Jimmy Hendrix *Are You Experienced* e *Axis, Bold as Love* de 1967, juntamente com outros álbuns de Beck, Clapton e Page, criaram a ilusão do "Deus da Guitarra" na mente do público. É relevante que a linguagem musical dos quatro guitarristas, assim como a de muitos outros, tenha sido baseada fortemente na linguagem do blues.

Em 1983, Stevie Ray Vaughan lançou *Texas Flood*, que se tornou um ótimo exemplo do estilo de Guitarra Texas Blues.

Embora isso esteja longe de ser uma história completa do blues na guitarra e que haja algumas omissões notáveis; eu recomendo fortemente a obra-prima de Martin Scorsese, *Martin Scorsese Presents: The Blues*, uma caixa com sete DVDs das mais importantes figuras do blues dos últimos cem anos para ajudá-lo a aprender mais sobre as raízes e a luta política do blues.

Com tanta diversidade musical em apenas um gênero, é difícil saber onde e *quando* começar. Há, entretanto, muitos tópicos que são de conhecimento obrigatório e aplicáveis a maioria dos estilos de guitarra blues.

Eu estou escrevendo essa série de livros para ajudar a decifrar a linguagem do blues a partir de 1950 em diante. Esse não é de forma nenhuma um estudo cronológico; e para tornar as coisas práticas, o livro é dividido em duas partes.

Livro 1: Estrutura, Acordes e Guitarra Base no Blues.

Livro 2: Solo, Vocabulário, Escalas, Abordagens Rítmicas e Técnicas na Guitarra Blues.

Livro Um: Guitarra Base

Embora haja relativamente poucas *estruturas* usuais de acordes no Blues, há uma infinidade de abordagens que nós podemos usar para embelezar a harmonia 'comum'. Nós também examinaremos padrões de riff comuns e ritmos de guitarra *straight* comparados com *triplet* feel. Você aprenderá as diferenças entre tipos de progressão de blues maiores e menores e muitos *formatos* de acordes diferentes para adicionar profundidade e intensidade ao seu estilo.

Há capítulos dedicados aos *turnarounds,* riffs de cordas soltas e passagens melódicas (frases de solos) que o ajudarão a passar suavemente de um acorde para o outro.

Nós abordaremos com profundidade considerável como tocar guitarra base com um cantor ou outro instrumento de solo, usando alguns poucos acordes em formato *shell* voicing ou acordes de registro mais alto *drop 2*.

Nós estudaremos inclusive algumas formas comuns de blues diferentes da de "12 compassos", como as formas de *8* e *16* compassos.

A maior seção desse livro 1 aborda sobretudo o *posicionamento* rítmico de acordes. O objetivo é abrir os seus ouvidos para a sutileza de *onde,* não o quê você toca no compasso. Tanto no tempo de triplet (12/8) e mesmo em (4/4) nós focamos em como tocar em *qualquer* subdivisão da batida para que você possa tocar com sutileza e requinte. Você aprenderá a jogar acordes no ritmo onde você quiser e aprenderá que uma pequena 'inserção' rítmica pode ser muito mais poderosa do que um compasso inteiro preenchido por acordes confusos.

Extensões de acordes também são abordadas... Em vez de tocar apenas acordes maiores simples, nós iremos incluir de forma abrangente acordes dominantes 7, 9 e 13, além de ótimos lugares para tocar acordes *alterados*.

Em suma, *O Guia Completo Para Tocar Blues na Guitarra - Parte Um* tem a intenção de responder todas as perguntas frequentes sobre a guitarra base do blues.

Livro 2: Frases Melódicas

Esse livro trata dos solos de forma muito, muito mais detalhada.

O Fraseamento Melódico é um novo conceito nos solos de blues na guitarra: Em vez de ensinar centenas de licks de blues de difícil memorização, mostraremos a você como formar seu próprio vocabulário único a partir dos fundamentos básicos de tempo e ritmo. O foco é se afastar do formato de execução baseada em licks e desenvolver suas próprias habilidades de improvisação espontânea. Dessa forma, você criará sua voz particular no seu instrumento enquanto domina as complexas habilidades do fraseado de blues na guitarra.

Abordando, mas rapidamente evoluindo do 'feijão com arroz' do blues (bends precisos, vibratos expressivos e slides), o Fraseado Melódico examina com profundidade os fragmentos rítmicos que são a fonte de cada linha de guitarra no blues. Ao dominar e combinar esses ritmos, você imediatamente começa a formar sua linguagem própria única no blues e desenvolver seu estilo pessoal.

Há capítulos aprofundados sobre posicionamento de notas – como tocar o que você quiser exatamente quando quiser. As possibilidades se tornam infintas quando abrimos o compasso dessa maneira. Você desenvolverá um novo nível de compreensão das subdivisões do tempo e aprenderá a modificar os mesmos licks de milhares de maneiras diferentes.

A transposição dos licks também é abordada meticulosamente... como tocar a mesma linha em semínima, colcheia e semicolcheia para disfarçar as suas origens e fazê-la soar diferente, nova e pessoal. Esse é um dos 'segredos' do fraseado de blues na guitarra, especialmente sobre variações de acordes.

Um bom tempo é gasto para ensiná-lo a desenvolver com naturalidade e de forma orgânica qualquer lick melódico de forma bastante criativa musicalmente. Esse tipo de desenvolvimento musical está nas raízes de toda a improvisação no blues e é imprescindível para o som da guitarra no blues.

Você também dominará o fraseado de 'pergunta e resposta' e aprenderá a usá-lo como um veículo para desenvolver os seus próprios solos.

Livro Três Além das Pentatônicas

"Além das Pentatônicas" mostra a você como fugir do abismo da pentatônica menor no qual muitos guitarristas de blues acabam caindo rapidamente.

A primeira metade de "Além das Pentatônicas" mostra a você como mirar nas notas mais poderosas de cada acorde numa progressão de blues para criar o maior efeito emocional possível.

Cada mudança de acorde na progressão de blues é abordada minuciosamente, com diagramas claros e mais de 125 licks excelentes para aprender. Você irá rapidamente começar a tocar solos de forma emotiva e original como você nunca imaginou que poderia.

A segunda parte de 'Além das Pentatônicas' aborda com riqueza de detalhes as muitas escolhas de escalas possíveis para cada um dos acordes no blues. Cada escolha de escala necessária é dada para os acordes I, IV e V, com teoria e importantes conceitos explicados claramente. Há mais de 125 exemplos de vocabulário autêntico de blues, além de muitas 'dicas quentes' para ajudá-lo a incorporar esses sons envolventes nos seus solos.

Não há livro melhor nem mais detalhado para te ensinar os segredos dos solos de blues.

Esses três livros já estão disponíveis em uma edição compilada na Amazon.com

Ouça com atenção, leve o tempo que quiser e, acima de tudo, divirta-se!

Joseph

Obtenha o Áudio

Os arquivos de áudio desse livro estão disponíveis para download gratuito em **www.fundamental-changes. com** e o link está no canto superior direito. Apenas selecione o título do livro no menu e siga as instruções para baixar os áudios.

Nós recomendamos que você baixe os áudios diretamente para seu computador em vez do seu tablet, e transfira-os para lá depois de adicioná-los a sua galeria de mídia. Então, você pode colocá-los no seu tablet, iPod ou gravá-los em um CD. Na página de download há um PDF para ajudá-lo e nós também oferecemos suporte técnico através do formulário de contato.

Kindle / eReaders

Para aproveitar ao máximo esse livro, lembre-se de que você pode clicar em qualquer imagem para ampliá-la. Desligue o bloqueio de "rotação de tela" e segure seu kindle em formato paisagem.

Capítulo 1 - A Estrutura Básica do Blues de 12 Compassos

Por mais que seja um clichê e também o ponto de partida de milhões de guitarristas, a progressão de 12 compassos padrão do blues é de conhecimento obrigatório para qualquer guitarrista moderno. Ela é a base para um número incontável de músicas e tem sido utilizada no repertório de músicos por gerações.

Nós começaremos examinando a forma mais 'básica' e habitual do blues de 12 compassos antes de estudar alterações, adições e riffs usuais.

Embora seja provavelmente óbvio, a forma que nós estamos estudando é chamada "O Blues de 12 Compassos" porque sua estrutura musical tem 12 compassos. Em sua forma mais básica, ela tem apenas três acordes e todos eles são tirados da escala maior que você já deve conhecer. Os acordes são formados no primeiro, quarto ou quinto *graus* (notas) da escala maior.

Por exemplo, na tonalidade de A Maior:

A B C# D E F# G#

Nós usamos os acordes de A Maior, D Maior e E Maior.

Os graus de qualquer escala são sempre escritos em numerais romanos.

1 = I

4 = IV

5 = V

Então, na tonalidade de A Maior,

A = I

D = IV e

E = V

Quando usamos numerais romanos para descrever os tons da escala dessa maneira, não importa em qual tonalidade estamos: sempre podemos explicar facilmente as relações entre os acordes. De certa forma, isso é álgebra musical porque nós descrevemos as relações entre os acordes em vez dos próprios acordes.

Na música ocidental moderna (especialmente no pop, rock e blues), os acordes I, IV e V são os mais usados normalmente na formação de canções.

A mais simples progressão de blues de 12 compassos usa apenas os acordes I, IV e V. Embora possa não ser a versão do blues mais empolgante que você já ouviu, é muito importante conhecer os fundamentos da progressão antes de se aventurar nas muitas variações possíveis.

Estude o seguinte diagrama de acordes (**exemplo 1a**). Eu dei tanto os nomes em letras (cifras) de cada acorde quanto a descrição em numeral romano de cada acorde, juntamente com uma forma com cordas soltas do acorde para que você toque junto com o exemplo em áudio.

Exemplo 1a:

De maneira geral, há dois tipos principais de rítmica usadas no blues: Ritmo *straight* (ou reto) e o ritmo *triplet* (swing). O triplet é mais usual e pode ser ouvido em músicas famosas no blues como Stormy Monday (T-Bone Walker), Blues Power (Albert King), ou Five Long Years (Buddy Guy).

O blues em ritmo straight também é importante e é usado em muitas músicas, como as incríveis Scuttle Buttin (Stevie Ray Vaughan), Messin' with the Kid (Buddy Guy) e Crying at Daybreak (Howlin' Wolf). Ele é mais comum em canções de pop e rock do que naquilo que um tradicionalista pode considerar como sendo o *verdadeiro* blues. Entretanto, o straight blues é uma forma mais fácil para iniciar, por isso nós vamos começar a aprender a guitarra rítmica do blues tocando um blues de 12 compassos com ritmo straight.

O primeiro exercício é para se tocar os acordes corretos apenas no tempo um e três, como mostrado no **exemplo 1b:**

Se em qualquer momento você não entender a notação, escute os exemplos em áudio inclusos e tente tocar junto com as versões gravadas.

Exemplo 1b:

O próximo exercício é para ser tocado apenas nos tempos *2 e 4* como mostrado no **exemplo 1c:**

Finalmente, tente adicionar um pouco de groove a guitarra rítmica tocando em um dos *contratempos* (entre os tempos). Escute a faixa de áudio se você não tiver certeza sobre como esse ritmo soa. No próximo exemplo, nós tocamos no tempo um, tempo dois e no contratempo do tempo quatro. (4&).

Exemplo 1d:

Os exemplos de 1a até 1d são todos exemplos de blues em ritmo *straight*. Cada tempo é dividido igualmente em duas metades iguais e esse ritmo musical é encontrado mais frequentemente na música pop e rock. Você pode contar *"1 e 2 e 3 e 4"* durante a progressão.

Nós veremos muitas outras maneiras de subdividir o compasso e liberar o seu estilo no capítulo 7, mas por enquanto vamos continuar a tocar com a **trilha de fundo 1** para ver se você consegue encontrar mais possibilidades de posicionamento dos acordes. Deixe-se levar pelo ritmo da trilha e use o baixo e a bateria para guiá-lo.

O Blues "Triplet"

Em contrapartida, o blues triplet tem um ritmo muito mais descontraído e indolente nos tempos lentos, mas pode se tornar bem animado quando você o acelera. Cada um dos quatro tempos do compasso são divididos em *três* subdivisões iguais, gerando um total de doze colcheias (1/8) em cada compasso. Isso é o que a *fórmula de compasso* no início do seguinte compasso da música significa: 12 colcheias em um compasso. É uma convenção musical simples para agrupar as notas em três. Um compasso 12/8 se parece assim:

Há diversas maneiras de dividir esse compasso 12/8 que nós exploraremos no capítulo oito, mas por enquanto nós vamos continuar com alguns dos ritmos mais populares.

Nós podemos continuar tocando nos tempos um e três como mostrado no **exemplo 1e:**

Lembre-se de ouvir o exemplo 1e antes de tocá-lo. A sensação rítmica é um pouco mais 'agitada'. E você pode achar um pouco mais difícil posicionar o acorde com precisão. Embora você continue tocando nos tempos um e três, bem como no exemplo 1b, a sensação rítmica é bem diferente. Esse ritmo triplet é muito mais comum no blues e no R&B.

O próximo exercício é para ser tocado apenas nos tempos dois e quatro como mostrado em **exemplo 1f:**

O exemplo final por enquanto te ensina a tocar na *primeira e terceira* colcheia de cada tempo. Esse é um dos mais importantes ritmos 'básicos' do blues. Como sempre, ouça com atenção os exemplos em áudio para garantir que você compreenda o clima musical.

Exemplo 1g:

Em termos de técnica, pode ajudar bastante manter sua mão da palhetada levemente apoiada nas cordas para produzir um som abafado e "nervoso", assim será mais fácil articular os acordes mais claramente. Você também pode querer deixar a primeira nota de cada tempo soar ligeiramente mais tempo para conseguir um som menos agressivo. Isso pode ser ouvido no **exemplo 1h:**

Leve algum tempo tocando esses ritmos e veja como você se sai. Ouça novamente suas músicas favoritas de blues e treine para descobrir se elas são em ritmo straight ou triplet.

Os exemplos nesse capítulo todo utilizaram acordes maiores simples. Revise este capítulo novamente, mas dessa vez substitua cada acorde por seu equivalente com '7':

Por exemplo, em vez de tocar A maior, toque A7. Aqui estão os formatos de acordes que você irá precisar:

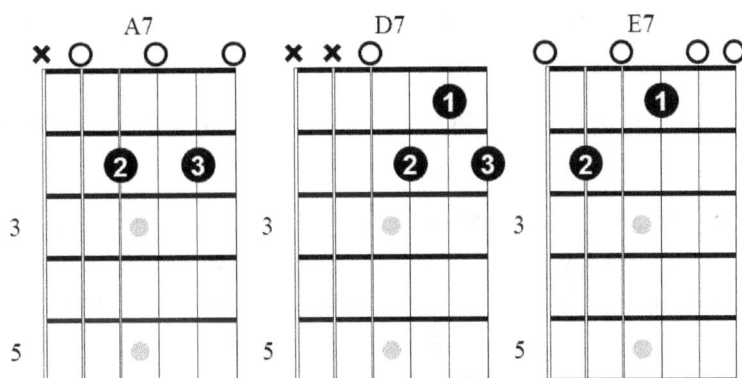

Finalmente, tente tocar a progressão de blues de 12 compassos substituindo por *acordes menores* em cada compasso:

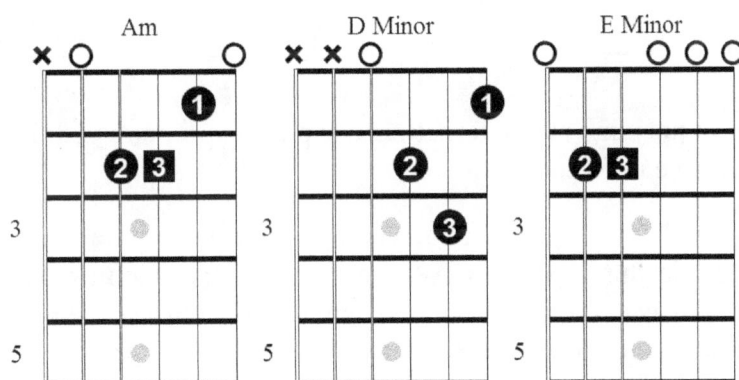

Perceba como a qualidade do acorde afeta sensivelmente o clima da música.

Capítulo 2 - Riffs de Blues em Cordas Soltas e Variações

Embora seja essencial saber a *forma* de um blues de 12 compassos, nossa guitarra rítmica ficará rapidamente estagnada se nós continuarmos tocando apenas acordes em todos os compassos.

É uma técnica usual criar riffs e linhas de baixo com cordas soltas enquanto se conduz as mudanças de acordes, como mostrado no capítulo anterior. Nesse capítulo, nós vamos explorar alguns exemplos 'clássicos' de riffs em cordas soltas na guitarra.

Os próximos exemplos são tocados em ritmo *triplet* nos exemplos em áudio, entretanto você deve experimentar tocá-los tanto em ritmo straight quanto triplet.

O exemplo 2a é um típico riff de blues que pode ser usado toda vez que há um acorde de A maior (Acorde I) na progressão. Isso já foi utilizado por *todo* guitarrista de blues em algum momento. Sua mão da palhetada fica atacando continuamente a nota "A" do baixo na quinta corda *com* um desenho que varia na quarta corda. Use o primeiro e o terceiro dedos da mão do braço para tocar para frente e para trás as notas alternadas.

Exemplo 2a:

Ouça o exemplo em áudio e toque junto para internalizar o triplet. O primeiro dedilhado de cada grupo de duas notas é mais longo e o segundo é mais curto.

Se nós estivermos contando '1 2 3 1 2 3' durante cada compasso, então a primeira palhetada dura a contagem de 1 e 2 e a segunda palhetada dura apenas a contagem do 3. A primeira palhetada mais longa dura as contagens 1 e 2 e a palhetada mais curta apenas a contagem 3. Isso é mostrado embaixo do exemplo 2a. Tente contar alto enquanto você toca junto com o exemplo em áudio.

Para tocar esse riff de blues no acorde de D maior (acorde IV), tudo que precisamos fazer é simplesmente mover o padrão para a terceira e quarta cordas. Nós estaremos tocando *exatamente* o mesmo riff, apenas deslocado uma corda.

Exemplo 2b:

Finalmente, para tocar esse riff no acorde de E maior (acorde V), nós podemos mover o padrão para as duas cordas de baixo.

Exemplo 2c:

Basic Blues Riff In E Major

Pratique a troca entre cada um dos três exemplos anteriores. Quando estiver pronto, tente usar esses riffs para tocar durante uma progressão completa de blues como mostrado no **exemplo 2d.**

Exemplo 2d:

Usando esse padrão simples podemos adicionar mais profundidade ao trecho de guitarra quando tocamos o ritmo de blues.

Há, porém, diversas variações desse padrão que podem ser inseridas em qualquer lugar para deixar a parte de guitarra rítmica ainda mais interessante.

Variações sutis na guitarra rítmica podem ajudar a 'alimentar' o solista com ideias criativas e a criar o groove da música tanto para a banda quanto para o público.

Estude o **exemplo 2e:**

Open String Blues Riff Variation

Nesse exemplo, em vez de simplesmente repetir para frente e para trás o movimento que fizemos anteriormente, use o seu *dedinho* esticado para tocar a quinta casa na quarta corda no tempo 3. Tente mover esse exemplo pelas variações de acorde como fizemos no exemplo 2d.

Exemplo 2f:

Open String Blues Riff Variation 2

Novamente, esse riff pode ser usado sobre os acordes de A, D e E, simplesmente movendo-o através dos grupos de cordas que você aprendeu anteriormente no capítulo.

Outro riff clássico à moda de John Lee Hooker utiliza 'pull-offs' para criar uma linha de baixo descendente no fim de cada compasso.

Exemplo 2g:

Open String Blues Riff Variation 3

Esse próximo exemplo combina ideias anteriores e usa uma nota grave numa corda bordão para dar ainda mais movimento a parte de guitarra.

Exemplo 2h:

Como anteriormente, pratique a movimentação dessa variação nos três grupos de cordas.

Até agora, todos os preenchimentos de baixo foram feitos nos últimos tempos de cada compasso. Nós podemos facilmente variar um pouco colocando o preenchimento no tempo dois.

Exemplo 2i:

Finalmente, uma boa abordagem é dividir cada acorde em duas partes para *deslocar* a linha de baixo.

Exemplo 2j:

Uma vez que você tenha alguns desses riffs nas pontas dos dedos, misture e combine-os para tocá-los em uma progressão de blues de 12 compassos. Todas essas ideias podem ser permutadas, portanto encaixe-as onde quer que você sinta que elas funcionem.

Uma exemplo possível dos milhares de combinações é mostrado na próxima página:

Exemplo 2k:

12 Bar Blues With Variations

Eu adicionei alguns preenchimentos para te dar um ponto de partida!

Para conseguir um pouco de inspiração daquilo que você pode conseguir fazer usando essa importante técnica de guitarra rítmica, escute Pride and Joy de Stevie Ray Vaughan. Só há uma guitarra tocando nessa introdução!

Em Pride and Joy, Stevie Ray Vaughan combina esse tipo de linha de baixo que nós vimos nesse capítulo com acordes tocados *ao mesmo tempo*. Essa combinação de acordes + linha de baixo é típica do estilo Texas Blues. Vamos olhar alguns pequenos exemplos para entrarmos no clima desse tipo de estilo.

A tonalidade de E maior é provavelmente a mais comum no blues de 12 compassos tocado na guitarra por diversas razões, mas uma das mais importantes é porque nós podemos usar a corda "E" solta para formar linhas de baixo graves quando tocamos. Eis aqui uma forma de incluir uma linha de baixo em um acorde de E maior em 12/8.

Exemplo 2l:

Etc...

Use apenas palhetada alternada nessa ideia para ajudá-lo a entrar no clima do riff.

Nós também podemos aplicar essa ideia em um acorde de A maior:

Exemplo 2m:

Outra razão pela qual os guitarristas gostam de tocar na tonalidade de "E" é porque todas as cordas soltas podem ser tocadas, o que é conveniente quando queremos entrar em um acorde do nada. Usando essa técnica nós podemos tocar dois acordes em um compasso com uma linha de baixo.

Exemplo 2n:

Outra abordagem nesse estilo é usar dois acordes em um compasso. O próximo exemplo é ouvido como um riff em E, embora haja um acorde forte de A no compasso.

Exemplo 2o:

Outra grande linha de baixo de Stevie Ray Vaughan para ser conferida é a da música Rude Mood.

Ouvir linhas de baixo pode ser também uma grande fonte de ideias para emular no seu estilo. Tente roubar algumas delas!

Finalmente, é importante salientar que a parte de turnaround (os últimos quatro compassos) no acorde final V, nesse caso E7, é normalmente *atrasada* por até dois tempos. Toque o **exemplo 2p** para aprender essa técnica importante na tonalidade de A.

Exemplo 2p:

O deslocamento do acorde final V pode ocorrer por causa do 'lick de turnaround' que é normalmente tocado no acorde I. Note como o lick no compasso de A maior tem o efeito de empurrar de volta para o acorde V, como acabamos de ver:

Exemplo 2q:

Esse tipo de ideia rítmica acontece frequentemente no Texas e Delta blues, então fique esperto.

Capítulo 3 - Usando Acordes Dominante 7

Embora o blues de 12 compassos derive dos acordes I, IV e V na escala maior, é usual substituir esses acordes por acordes de quaisquer outras qualidades que você deseje. As substituições mais comuns são feitas usando os acordes dominante 7 (7) e menor 7 (m7).

Nós abordamos rapidamente os acordes dominante 7 na posição aberta no capítulo um:

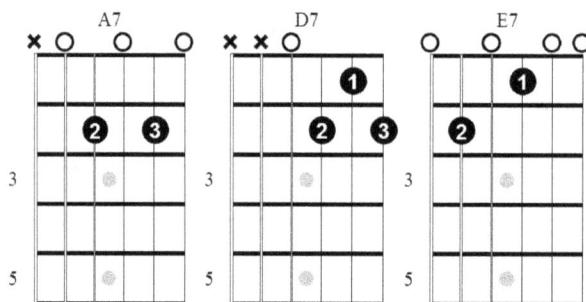

O **exemplo 3a** demonstra a substituição no blues de 12 compassos dos acordes maiores que vínhamos usando por esses acordes dominante 7.

E7   D7   A7   E7

Note como todo o clima da música se altera partindo de um estado de alegria com os acordes maiores para um estado mais relaxado e 'macio' com os acordes dominante 7.

Todos os riffs que você aprendeu no capítulo anterior funcionarão sobre essa progressão, então tente combinar o acorde e as linhas de baixo que nós aprendemos no capítulo dois.

Esses acordes em posição aberta são importantes de serem conhecidos, mas para ampliar nossa habilidade de tocar blues em *qualquer* tom, nós precisamos aprender a tocar o blues usando acordes com *pestana*.

Os primeiros formatos para se aprender quando utilizar acordes com pestana são mostrados aqui no **exemplo 3b:**

A7   D7   E7

Acordes com pestana são formatos de acordes móveis; uma vez que você tenha aprendido um acorde com pestana, nós podemos movê-lo para qualquer lugar do braço para tocar o mesmo *tipo* de acorde com um baixo diferente. Por exemplo, mover o formato de acorde com pestana de A7 da quinta casa para a sétima casa significa transformar o acorde em um B7. Mover um acorde com pestana de D7 duas casas atrás te dá um acorde de C7.

Troque os formatos (voicings) de acordes no exemplo 3a por esses novos formatos com pestanas e toque na progressão de blues. Tocando apenas no primeiro tempo de cada compasso fica assim:

Exemplo 3c:

Nós podemos agora adicionar alguns movimentos rítmicos no blues de 12 compassos dividindo cada acorde com pestana em uma nota de baixo e um ataque no acorde. Isso dará estilo e textura a nossa forma de tocar guitarra rítmica e pode ser visto com os dois primeiros acordes do blues no **exemplo 3d**.

Exemplo 3d:

Eu normalmente *abafaria (palm-mute)* as notas do baixo para dar um efeito mais percussivo e então deixaria o acorde soar ligeiramente mais tempo para criar uma textura de diversas camadas na parte da guitarra rítmica. Você pode ouvir essa ideia no exemplo em áudio.

Toque essa forma rítmica durante todo o blues de 12 compassos como demonstrado no áudio exemplo 3d.

Uma ideia extremamente comum na guitarra rítmica do blues é *deslizar (slide)* para o acorde com pestana a partir do semitom anterior. Contanto que o slide seja feito a partir de um tempo fraco para um tempo forte, nós sempre podemos usar essa técnica de dinâmica. Estude atentamente o **exemplo 3e:**

O desafio técnico é ter certeza de que o acorde que você está deslizando, por exemplo Ab7, soe até o subsequente acorde de A7. O truque é encontrar exatamente a quantidade de força certa para segurar o acorde enquanto desliza todo ele por um semitom. A seis cordas do formato do acorde são seguradas completamente em todo slide, entretanto é normal atacar apenas as primeiras três ou quatro cordas.

Use o seu primeiro dedo para tocar a última nota em cada compasso para ajudá-lo a se posicionar para o próximo acorde com pestana. A progressão de 12 compassos completa é tocada no exemplo 3e, mas apenas o início está transcrito aqui. Ouça com atenção e aplique esses slides de acordes a cada acorde na progressão.

Esses acordes de aproximação são normalmente tocados no tempo fraco deslizando para um tempo forte. Aqui está outro exemplo de aproximação rítmica que começa logo antes do tempo um.

Exemplo 3f:

Você também pode deslizar dois semitons como mostrados no **exemplo 3g:**

Novamente, escute com atenção os exemplos em áudio para se familiarizar e aprender a posicionar essas ideias rítmicas.

Você também pode usar os mesmos ritmos para praticar a aproximação do acorde alvo a partir de *cima*. Essa ideia está transcrita nos primeiros três compassos no **exemplo 3h:**

Nós podemos tomar a ideia de usar riffs de cordas soltas e aplicá-la aos acordes com pestanas. Alguns dos exemplos a seguir requerem um bom alongamento da mão sobre a escala, então se você achar difícil alcançar, tente descer o seu dedão na parte de trás do braço e lembre-se que você não precisa sempre sustentar *todo* o acorde. É bastante aceitável apenas tocar as duas cordas inferiores se a abertura da mão for necessária.

Eis aqui o riff de blues básico com os acordes A7, D7 e E7.

Exemplo 3i:

Nós podemos até mesmo usar um alongamento ainda maior com nosso dedinho como no **exemplo 3j:**

Nós podemos até mesmo adicionar um slide no acorde para dar um balanço extra na parte rítmica. Isso é mostrado no **exemplo 3k:**

O balanço na parte de guitarra rítmica também pode estar no topo do acorde, não apenas no baixo. Os exemplos seguintes funcionam bem quando nós estamos tocando sob um solo de guitarra, mas podem ser um pouco excessivos quando há uma melodia vocal.

Nos próximos exemplos, nós podemos usar o dedinho para inserir uma nota melódica em movimento no topo do acorde. Com a mão do dedilhado, eu uso meu dedão para tocar as notas de baixo e meu indicador, anelar e dedo médio para tocar os acordes em bloco de três notas.

Exemplo 3l:

Exemplo 3m:

Apenas movendo nosso dedinho no braço da guitarra, nós podemos encontrar muitas melodias para dar um movimento sutil na parte de guitarra rítmica. Ideias como essa podem adicionar bastante estilo a música como um todo, apenas tome cuidado para não atravessar o cantor ou solista.

Capítulo 4 - Extensões para Acordes Dominante com Sétima.

Os acordes dominantes com sétima são normalmente usados no blues, mas nós podemos usar *qualquer* acorde da "família" dos dominantes com sétima.

Este não é um livro de teoria, portanto para manter as coisas simples, a família dos acordes dominantes inclui os com 7ª, 9ª, 11ª e 13ª, os quais são normalmente permutáveis. Por exemplo, se você vir escrito um A7, não há geralmente nenhuma razão pela qual você não possa substituí-lo por um acorde de A9 ou A13. Você normalmente precisa ser mais cuidadoso com acordes dominantes com 11ª, então nós vamos evitá-los por enquanto.

Pense nos acordes dominantes com 9ª, 11ª e 13ª como acordes dominante com 7ª *estendidos*. Embora a função e qualidade básica do acorde dominante seja a mesma, essas extensões adicionam profundidade, colorido e atratividade para nossa música.

Aqui estão alguns formatos para os acordes dominantes com 9ª e 13ª nos acordes I, IV e V.

Observe que o formato de A9 está *sem o baixo na tônica (invertido)*. Isso funciona melhor em um contexto de banda onde você tenha um baixista para tocar a tônica.

Exemplo 4a:

Nós começaremos a substituir alguns formatos de acorde originalmente com "7ª" no blues de doze compassos por formatos de acordes *estendidos*.

Exemplo 4b:

Usando a ideia de se aproximar de cada acorde a partir do movimento de um semitom acima ou abaixo, nós podemos facilmente criar um grande atrativo na parte de guitarra rítmica. Estude o exemplo 4c para ouvir como esse tipo de movimento enfeita os acordes no exemplo anterior. Note que eu mudei livremente entre a aproximação de cada acorde a partir de um semitom acima *e* abaixo.

Exemplo 4c:

Também é aceitável mudar entre acordes da mesma família no mesmo compasso. Por exemplo, você poderia tocar isso:

Exemplo 4d:

Ouça o movimento criado na segunda corda e perceba o movimento a partir de um semitom acima no segundo compasso, enquanto eu realizo a aproximação do Ab13 com um Bb13.

A chave para internalizar essas ideias de acordes é praticar tocando a guitarra rítmica com uma faixa de fundo (backing track).

Faixa de fundo (backing track) 4: Triplet Blues em A que inclui apenas as partes de bateria e baixo para que você possa inserir seu próprio acompanhamento rítmico na guitarra.

Foque em mudar suavemente entre os acordes no tempo e em experimentar diferentes extensões para cada acorde. Por exemplo, eu gosto de tocar o A13 no acorde I e o D9 no acorde IV, mas você pode criar muitas combinações diferentes. Você também pode praticar a mudança entre formatos de acordes e mover-se por diferentes extensões em cada acorde dominante do compasso. Finalmente, pratique os exemplos de linha de baixo do capítulo dois, lembrando-se de ouvir o baixo e a bateria na faixa de fundo e de "entrar no clima" deles.

Capítulo 5 - Variações Usuais no Blues de 12 Compassos

Há muitas variações usuais de acordes que nós podemos aplicar ao blues de 12 compassos ainda mantendo a sua estrutura intacta. Você encontrará as seguintes alterações em centenas de músicas de blues e enquanto ouve os músicos que curte você começará a ouvi-las todo o tempo.

Nós examinaremos a parte de *turnaround* (últimos quatro compassos) com riqueza de detalhes, mas primeiramente vamos adicionar algumas variações aos primeiro quatro compassos da música.

Uma ideia bastante usual é ir para o acorde dominante (V) na segunda metade do terceiro compasso:

Exemplo 5a:

No exemplo 5a, eu aproximo diversos acordes por um semitom, mas o segredo é observar o novo E9 no compasso três. Adicionar o acorde V aqui ajuda a quebrar os dois compassos estáticos de A7 na progressão original do blues de 12 compassos.

Em vez de tocar o acorde de E9 no compasso três, não é incomum ouvir um Bb7 (um acorde dominante com 7ª construído no grau bII da escala). Essa é uma das ideias utilizadas por T-Bone Walker na música Stormy Monday Blues.

Exemplo 5b:

No blues de 12 compassos há uma segunda parte com 2 compassos "estáticos" nos compassos cinco e seis; dois compassos de D7 (acorde IV).

Para inserir movimento harmônico, nós normalmente tocamos um acorde de Eb diminuto com 7ª (Ebdim7) no compasso seis. Essa é uma ideia emprestada do "jazz" blues que funciona realmente muito bem em um blues de 12 compassos padrão.

Aqui está um jeito bastante útil de tocar um acorde de Eb Diminuto com 7ª:

Você consegue perceber que esse acorde é idêntico a um D7 "padrão" que teve a nota do baixo aumentada um semitom?

Exemplo 5c:

Um jeito mais típico de dividir os dois compassos (de A7) nos compassos sete e oito é tocar um F#7 (acorde VI7) no compasso oito. Mais uma vez, essa ideia foi emprestada do repertório do jazz, mas é frequentemente usada no estilo Texas blues.

O exemplo 5d combina o Eb diminuto com 7ª e o acorde VI adicionado em um exemplo. Os próximos quatro compassos da progressão de blues poderiam ser assim:

Exemplo 5d:

O F#7 pode certamente ser aproximado a partir de um semitom se você quiser.

Quando nós usamos o acorde VI (F#7) no compasso oito, você pode provavelmente ouvir que a harmonia quer ir a algum lugar diferente do usual acorde V (E7), que normalmente é tocado. O jeito tradicional de seguir o acorde VI nesse contexto, é tocar o acorde de B menor com 7ª (iim7) no compasso nove.

Ao cair no compasso nove, esse Bm7 atrasa o surgimento do importante acorde dominante por um compasso.

Exemplo 5e:

Outra ótima maneira de atrasar o surgimento do E7 (V) no compasso nove é substitui-lo por um acorde de F7 ou F9 (bVI).

Exemplo 5f:

Sem entrar no reino da harmonia do jazz e das substituições de acordes, essas são algumas das mais importantes variações que ocorrem nos primeiros oito ou nove compassos de uma progressão tradicional de um blues de 12 compassos.

Uma última forma de adicionar movimento aos compassos sete e oito é usar uma substituição que ficou famosa em Stormy Monday Blues de T-Bone Walker. É mais fácil visualizar no papel do que explicar em palavras, portanto estude o **exemplo 5g:**

Capítulo 6 - Turnarounds no Blues

Os últimos quatro compassos de um blues de 12 compassos são chamados de parte de "turnaround" porque eles são desenvolvidos para "levarem a música de volta ao início" da estrutura de acordes. É aí onde a maior parte da tensão em um blues está contida tanto harmonicamente quanto melodicamente. Você normalmente descobrirá que acordes *alterados* são usados em uma parte de turnaround e a frequência ou *ritmo harmônico* aumenta.

Para lembrarmos dos últimos quatro compassos de um blues padrão, vejamos o **exemplo 6a:**

Uma ideia que você normalmente ouvirá é a adição da subdominante e da tônica à parte de dois compassos no final:

Exemplo 6b:

Lembre-se que todos esses acordes podem ser trocados por qualquer acorde da família dos dominantes com 7ª, por exemplo, você pode querer tocar um A13 em vez de um A7 etc.

Outra ideia é também usar um acorde bVI (F ou F9) com o D7 no compasso dez.

Exemplo 6c:

Antes de observarmos a próxima progressão de acordes, volte atrás para relembrar o exemplo 5e.

Quando usamos acordes VI e II nos compassos oito e nove é comum repetir os acordes dos compassos oito até dez com o dobro da frequência nos dois compassos do final do turnaround.

É mais fácil visualizar isso no papel, então olhe o **exemplo 6d:**

Eu ouço essa progressão como sendo "preparada" pelo acorde de Eb diminuto com 7ª no compasso seis. Mas você não é de forma nenhuma obrigado a tocá-la se você usar o acorde diminuta, como você pode ver no **exemplo 6e:**

Como eu mencionei, a tensão musical no blues de 12 compassos cresce a caminho do final da estrutura, sendo os dois acordes de E7 (V), nos quatro compassos finais, os mais necessários para a resolução. Como essas partes da progressão já são tensas de qualquer forma, elas são um ótimo lugar para adicionar *alterações cromáticas* nos acordes dominantes (V) para aumentar ainda mais o impulso deles para a tônica.

Um bom acorde para se usar a fim de desenvolver a tensão nesses lugares é o E7#9. Você pode já conhecê-lo pelo nome de "Acorde Hendrix", pois ele foi bastante usado em músicas como Purple Haze e Foxy Lady. Ele é tocado assim na guitarra:

Tente usá-lo como o último acorde no turnaround como mostrado no **exemplo 6f:**

O próximo exemplo tem uma vibe um pouco mais "jazz", mas eu também gosto de usar o 7#9 como um acorde de passagem entre o D7 e o F#7 da seguinte maneira:

Exemplo 6g:

Os exemplos neste capítulo apenas tocam a superfície das ideias de acordes de "jazz", mas eles representam algumas das substituições mais normais que são usadas na progressão moderna do blues de 12 compasso.

Capítulo 7 - Divisão Rítmica no Triplet Blues

Enquanto os capítulos anteriores foram principalmente baseados em ideias de estruturas de blues e variações em sua forma harmônica, este capítulo abordará mais de perto a divisão rítmica e conceitos que você pode aplicar a toda sua forma de tocar.

O Triplet Blues

Eu mencionei anteriormente que nós podemos contar "1 2 3 1 2 3 1 2 3 1 2 3" durante cada compasso de um blues de 12 compassos. Essa é a razão pela qual nós chamamos esse estilo de *triplet* feel. Se você ainda não está confortável com essa ideia, ouça novamente a faixa de fundo 4 e conte o "triplet feel" alto da forma descrita acima.

Por mais estranho que possa parecer a princípio, cada uma das três divisões do tempo são consideradas como uma colcheia.

Há três colcheias por tempo. Isso não faz sentido matemático no mundo "real", mas é uma convenção musical e um conceito extremamente importante em muitas músicas que ouvimos.

No exemplo 7a, a linha superior de notas mostra o tempo principal ou pulsação da música e a linha inferior mostra como as três colcheias se encaixam no tempo.

Exemplo 7a:

quatro tempos x **três colcheias** por tempo = **12 colcheias por tempo**.

É isso que significa a *fórmula de compasso* de 12/8: 12 colcheias por compasso.

Já chega de matemática! Vamos ver como tocar acordes em algumas dessas subdivisões rítmicas.

Uma maneira simples de tocar a guitarra rítmica do blues que nós já discutimos é palhetar apenas em cada tempo do compasso.

Exemplo 7b:

Nós podemos começar a adicionar mais estilo ao tocarmos as subdivisões em tercina (triplet). Use palhetadas para baixo para tocar o seguinte padrão que usa todas as subdivisões.

Exemplo 7c:

Isso dá mais movimento, mas é muito preenchido. Tente tocar apenas a primeira e terceira tercina em cada tempo como mostrado no **exemplo 7d:**

Ouça os exemplos em áudio se você não tiver certeza de como tocar essa ideia.

Pessoalmente, eu acho que na maioria das situações com banda é melhor deixar bastante espaço na parte de guitarra rítmica. Tocando de maneira esparsa, especialmente no início da música, há espaço para que ela cresça. Eis aqui alguns padrões para usar os ritmos com tercina, mas também deixar grandes espaços para serem preenchidos por outros instrumentos.

Exemplo 7e:

Exemplo 7f:

Exemplo 7g:

Exemplo 7h:

Em qualquer tempo você pode adicionar um *toque* percussivo ao seu padrão de palhetada. Segure o acorde, mas alivie a pressão nas cordas com sua mão da escala enquanto a sua mão da palhetada mantém o ritmo nas tercinas justo. Notas fantasmas são transcritas com um "x".

Exemplo 7i:

Embora, eu tenha transcrito os acordes completos, eu normalmente tocarei apenas as quatro cordas mais agudas da guitarra para evitar que o som fique muito grave.

Tente tocar os exemplos de 7d até 7i novamente, mas dessa vez apenas toque as quatro cordas mais agudas e adicione palhetadas "abafadas" em alguns espaços.

Treine o uso de alguns desses padrões durante um refrão completo de doze compassos. Você também deve tentar criar os seus próprios padrões rítmicos simplesmente omitindo diferentes combinações de tercinas. Esses padrões podem ser esparsos ou densos da forma que você preferir.

Subdivisão do Tempo em Semicolcheias

Cada uma das colcheias em cada um dos tempos podem ser ainda divididas e separadas em semicolcheias, criando um total de seis subdivisões para cada pulsação principal. Isso é mostrado no **exemplo 7j:**

A linha do topo, nesse exemplo, mostra as divisões em tercina que você já vem estudando nos exemplos anteriores e a linha de baixo mostra como cada tercina pode ser *igualmente* dividida em duas subdivisões, criando 6 divisões iguais em cada tempo principal. A maneira mais fácil de contar isso alto é **1e2e3e1e2e3e** etc.

Palhete esse ritmo mantendo as cordas abafadas. Palhete **Baixo**cimabaixocimabaixocima **Baixo**cimabaixocimabaixocima. Acentue a primeira palhetada para baixo em cada tempo e tente tocar junto com o áudio do exemplo 7j.

Quando nós tocamos ritmos de blues baseados em subdivisões de semicolcheias, nós podemos criar muitos padrões interessantes de palhetadas. É importante não engolir o resto da banda, portanto *discrição e o uso de espaços são aconselháveis!*.

Para continuar no tempo e ajudar na minha dinâmica, eu normalmente toco palhetadas calmas e abafadas em todas as semicolcheias e acentuo apenas as notas que eu quero tocar com um acorde sem abafamento. Nos exemplos seguintes, as notas abafadas são transcritas com um *x*. Para entrar no clima, toque o **exemplo 7k** (todas as palhetadas abafadas) junto com a faixa de áudio.

Depois, tente tocar calmamente *todas* as subdivisões com um acorde de A7, sem sobrepor-se à bateria e ao baixo. Para conseguir isso, relaxe seu pulso e perceba que você não precisa tocar todas as cordas. Você também pode acentuar cada tempo principal do compasso.

Exemplo 7l:

Agora, nós vamos combinar algumas ideias em colcheias e semicolcheias. Tente usar esses padrões durante toda a progressão do blues de 12 compassos.

Exemplo 7m:

Exemplo 7n:

Agora, vamos tentar combinar os toques percussivos com ataques nos acordes. Essa ideia é um pouco mais desafiadora, pois estamos tocando de uma maneira bastante sincopada. Comece lentamente e aumente a velocidade gradualmente quando você entrar no clima do ritmo. Lembre-se de manter suas notas fantasmas leves e acentuar os acordes atacados.

Exemplo 7o:

Exemplo 7p:

Exemplo 7q:

Algo importante de ser praticado é *"fingir"* palhetadas para manter o tempo. Você não precisa sempre tocar uma nota *ou* uma nota fantasma em um tempo porque às vezes a música requer silêncio. Pratique imitar semicolcheias da mesma forma que você praticou as semicolcheias em notas fantasmas com sua mão direita. Dessa vez, entretanto, simplesmente não faça nenhum contato nas cordas da guitarra.

O exemplo 7r inclui um repouso em semicolcheia no tempo um. Mantenha sua mão da palhetada se movendo durante esse padrão.

Exemplo 7r:

Não se esqueça que nós podemos usar ideias como slides de acordes a partir de um semitom abaixo também. Isso cria quase um "sub-ritmo" sob o ritmo principal da parte rítmica. Ouça isso no **exemplo 7s:**

Use os padrões de palhetada nesse capítulo para tocar durante progressões de blues completas. Não tenha medo de alterá-los ou combiná-los da maneira que quiser, não se esqueça que o padrão rítmico pode ser maior que um compasso. O melhor que você pode fazer é *ouvir* suas gravações favoritas e copiar a abordagem rítmica dos músicos que você gosta.

Capítulo 8 - Divisão Rítmica no Straight Blues

Em um tempo "straight", cada tempo do compasso é partido em subdivisões iguais. Enquanto os tempos em tercina são divididos em grupos de três, os tempos "straight" (retos) são divididos em grupos de dois ou quatro.

No exemplo 8a, a linha de cima da música mostra as principais notas em semínima do tempo do compasso e a linha de baixo mostra como cada tempo é repartido em duas subdivisões.

Exemplo 8a:

Veja a fórmula de compasso 4/4. Se uma fórmula de compasso tem o número quatro embaixo, então a convenção é agrupar as subdivisões em divisões iguais.

Nós começaremos mais uma vez tocando apenas no primeiro tempo de cada compasso. Embora seja similar ao exemplo 7b, você perceberá que esse ritmo parece muito diferente quando tocado com um groove de bateria straight (reto).

Lembre-se, você não tem que tocar o acorde completo, normalmente as quatro cordas mais agudas bastam.

Exemplo 8b:

Nós podemos criar mais movimento tocando em cada colcheia da subdivisão.

Exemplo 8c:

Tocar em cada colcheia pode ser um pouco mais denso ritmicamente, então aqui estão alguns padrões para usar em colcheias, mas não toque todas as subdivisões do tempo. Toque essas figuras rítmicas pela sequência completa do blues de 12 compassos. Toque junto com a faixa de fundo 1: um straight blues em A.

Exemplo 8d:

Exemplo 8e:

Exemplo 8f:

Exemplo 8g:

Mais uma vez, nós podemos usar notas fantasmas (palhetadas abafadas) para dar um ritmo percussivo aos acordes e ajudar a manter o tempo. Nos próximos exemplos, eu normalmente divido o acorde de forma que em alguns dos tempos eu estou tocando nas cordas graves e nas cordas agudas separadamente.

Exemplo 8h:

Exemplo 8i:

Exemplo 8j:

Subdivisão do Tempo em Semicolcheias

De forma análoga às tercinas, cada colcheia pode ser dividida em semicolcheias ao serem dobradas:

Para sentir esse ritmo conte alto "1 e e a 2 e e a 3 e e a 4 e e a" junto com a faixa de fundo 1.

Tente palhetar esse ritmo com as cordas abafadas. Durante todo o compasso sua palhetada deve ser

Baixocimabaixocima**baixo**cimabaixocima

Exemplo 8k:

Agora, nós podemos estudar alguns padrões rítmicos que usam combinações de semicolcheias e colcheias. Lembre-se de praticar esses ritmos durante toda a progressão de 12 compassos com as mudanças de acordes.

Exemplo 8l:

Exemplo 8m:

Exemplo 8n:

Exemplo 8o:

Exemplo 8p:

O exemplo 8p é um pouco mais complicado que os exemplos anteriores. Escute com atenção o exemplo em áudio e mantenha sua mão da palhetada se movendo em semicolcheias constantes.

Semicolcheias em Shuffle

As divisões de cada tempo em semicolcheias não precisam ser igualmente espaçadas. Se o primeiro grupo de semicolcheias for maior e o segundo for menor, então o ritmo tocado é chamado de *shuffle*. Esses ritmos podem parecer idênticos no papel, mas há normalmente uma instrução de performance no início da música com a palavra *shuffle* acima do primeiro compasso.

Ouça o **exemplo 8q** e compare com o exemplo 8k. Embora o exemplo 8k seja completamente reto, o exemplo 8q tem um balanço definido.

Exemplo 8q:

O ritmo seguinte é o mesmo do exercício 8o, embora dessa vez o ritmo seja tocado em shuffle.

Exemplo 8r:

Shuffle

Capítulo 9 - Preenchimentos Melódicos entre Acordes

A guitarra rítmica não se trata apenas de tocar acordes, é importante aprender a enfeitar os acordes que tocamos para favorecer o movimento e o contraponto do cantor ou solista. O segredo é nunca exagerar e garantir que tocamos o apropriado para a música. Deve sempre haver espaço para que a melodia possa brilhar. Atravessar a melodia é o jeito mais fácil de ser "limado" da sua banda! Foque em tocar nos espaços deixados pelo cantor, não preencha todos os espaços possíveis e abaixe um pouco o volume do seu instrumento para não engolir todos os outros no palco!

Preenchimentos no Acorde I

Os seguintes preenchimentos rítmicos funcionam bem em um acorde de A7 estático (mantido).

Exemplo 9a:

Exemplo 9b:

Exemplo 9c:

Preenchimentos no acorde IV

Esses licks focam em notas importantes no acorde de D7, entretanto você pode transpor todos eles um tom acima e eles viram ótimas linhas para o acorde de E7.

Exemplo 9d:

Exemplo 9e:

Exemplo 9f:

Preenchimentos no Acorde V

De novo, você pode transpor essas linhas em E7 um tom *abaixo* e elas funcionarão perfeitamente como licks em D7.

Exemplo 9g:

Exemplo 9h:

Exemplo 9i:

Preenchimentos do Acorde I para o Acorde IV

As seguinte ideias são usadas para focar notas durante o movimento do acorde tônica (A7) para o acorde subdominante (D7).

Exemplo 9j:

Exemplo 9k

Exemplo 9l:

Preenchimentos do Acorde IV para o I

Esses licks preenchem os espaços durante o movimento de D7 de volta a A7.

Exemplo 9m:

Exemplo 9n:

Preenchimentos do Acorde V pra o IV

Os exemplos seguintes adicionam um componente melódico ao movimento de E7 para D7.

Exemplo 9o:

Exemplo 9p:

Preenchimentos do Acorde I para o V

Esses preenchimentos dão um forte apelo melódico ao movimento de A7 para o importantíssimo acorde de E7.

Exemplo 9q:

Exemplo 9r:

Exemplo 9s:

Reiterando, não toque excessivamente esses licks quando você estiver tocando guitarra rítmica no blues. O uso ocasional de linhas melódicas de guitarra ao sair de um acorde para outro ou sobre um período prolongado em um acorde estático dará um grande contraste a uma linha de guitarra rítmica repetitiva.

Observe como a maioria das linhas apenas ocorrem no fim do compasso; o conceito crucial é deixar espaço para o cantor ou solista.

Capítulo 10 - Introduções e Finalizações

A habilidade de começar e terminar uma música claramente pode poupar-nos de muitos embaraços e ajudar a reforçar uma performance memorável. Muitas vezes eu vi integrantes de bandas mal ensaiadas se olharem desesperadamente no palco tentando encontrar alguém que tomasse o controle e terminasse a música que estavam tocando. Tendo algumas introduções e finalizações no arsenal, nós sempre podemos achar uma forma de terminar um blues com clareza.

As introduções em muitas músicas, não apenas na linguagem do blues, são normalmente baseadas nos últimos acordes ou no turnaround da canção. Há um pouco de mistura nas próximas músicas entre o que é considerado guitarra "solo" e aquilo que é considerado guitarra "rítmica", mas não é nada para se preocupar.

Uma das melhores coisas em aprender uma introdução é que ela pode normalmente funcionar como uma finalização também, só depende do acorde no qual você termina. Por exemplo, veja essa introdução na tonalidade de A maior.

Exemplo 10a:

Essa ideia é baseada em torno de um acorde descendente dominante com 7ª e termina com um acorde de E7 aproximado a partir de um semitom acima. Terminando no acorde de E7 (dominante) dessa forma, nós temos uma forte sensação de que a linha musical quer continuar e ser resolvida de volta no A7.

Agora veja o **exemplo 10b**. Nesse exemplo, a linha começa exatamente da mesma forma, mas em vez dos últimos dois acordes moverem-se para o E7 como antes, a linha termina no A7 aproximado mais uma vez a partir de um semitom acima. Essa resolução tem um certo grau de finalização em si, podendo ser bem difícil manter a música seguindo em frente após esse ponto.

Exemplo 10b:

Como você pode ouvir, esse é o equivalente musical de uma parada completa.

Você pode alterar todas as linhas seguintes para terminarem dessa forma se você quiser que elas sejam uma finalização em vez de uma introdução.

O próximo exemplo tem uma nota A "permanente" enquanto a linha de baixo desce. Mais uma vez, o E7 é aproximado a partir de cima, entretanto dessa vez o acorde é tocado em um formato muito mais grave.

Exemplo 10c:

Como antes, se você quiser terminar o lick movendo-se para um acorde de A7, isso servirá como uma ótima finalização.

O **Exemplo 10d** usa um artifício musical chamado de *movimento contrário* onde duas partes se movem em direções diferentes. Essa é uma forte linha melódica baseada em torno da mudança de acordes.

Exemplo 10d:

No exemplo anterior, o acorde dominante é aproximado a partir de um semitom abaixo.

A próxima linha de introdução se move através de acordes ascendentes até o acorde dominante de E7. O acorde de A9 no tempo dois também pode ser visto como um acorde de C#m7b5, embora, neste momento, seja mais fácil pensar nele como um A9. Observe um movimento que nós vimos antes; o D maior se tornando um acorde de E diminuto com 7ª antes de mover-se para um E7. Esse pequeno ajuste cria uma linha de baixo cromática C#, D, Eb, E que tem um movimento harmônico extremamente forte.

Exemplo 10e:

Em vez de usar um acorde de aproximação no E7, há um pequeno lick em A Mixolídio que leva suavemente a mudança.

No **exemplo 10f**, o movimento melódico é criado na região aguda do acorde utilizando-se com cuidado os formatos de acordes. Eu normalmente tocaria uma linha assim usando apenas os dedos da minha mão da palhetada ou usando *palhetada híbrida (hybrid picking)* na linha, usando a palheta e os dedos.

Nos tempos três e quatro, há um movimento do acorde IV maior (D) para o acorde iv menor (Dm). Essa mudança, que soa bem, adiciona uma boa dose de estilo a frase.

Preste atenção a qual corda tem a nota da melodia.

Exemplo 10f:

Embora não haja nenhum acorde de E7 explícito no exemplo 10f, o lick no final *mira* a nota G# que é um dos tons mais importante do acorde. Mirar no G# dessa forma cria a ilusão no ouvinte de que ele escutou o acorde dominante e a música está pronta para começar.

Se eu quisesse mudar esse lick de introdução para um lick de finalização, eu poderia simplesmente adicionar um A7 aproximado por um semitom no fim do lick:

Exemplo 10g:

Se estiver em dúvida, é difícil de se enganar com esta finalização do Jimi Hendrix. Esse exemplo usa "power chords" ascendentes para mover-se até o acorde dominante, mas termina em acordes cheios com 9ª em uma finalização clássica de rock.

Exemplo 10h:

Veja se você consegue transformar esse lick em uma linha de introdução mudando o Bb9 e o Ab9 por um F9 e um E9.

Introduções e finalizações claras são uma parte muito importante da performance coesa de uma banda. Lembre-se de ensaiar exatamente o que você tocará em cada música antes de entrar no palco. Não há nada pior do que ouvir uma banda levar 8 compassos para descobrir o que deveria estar tocando. O público tende a lembrar mais da sua finalização desajeitada que do seu solo inovador. Aprenda bem esses fundamentos da música!

Capítulo 11 - Formato de Acordes "Shell Voicings"

Um cenário que todos nós nos encontramos em algum momento de nossas carreiras é o da apresentação com palco "lotado". Algumas vezes, nós podemos estar no palco com dois outros guitarristas, um tecladista, um baixista, três cantores e um trompete. Pode ser extremamente desafiador saber o quê e certamente *quando* tocar um acorde.

A música pode estar tão lotada harmonicamente e ritmicamente que se torne quase impossível tocar alguma coisa que a melhore e faça o público ter uma experiência mais agradável. Se estiver realmente tão cheio assim o palco, meu melhor conselho é não tocar absolutamente nada. Pode funcionar fazer alguns ruídos em cordas abafadas com notas fantasmas, mas normalmente é melhor deixar algum espaço. Essa é uma decisão musical legítima, que pode realmente resultar em um "bem maior".

Você pode, entretanto, estar em uma banda onde tudo esteja preenchido, mas com sorte um pouco menos lotado. Nessas circunstâncias, eu normalmente me pego tocando de maneira esparsa e usando acordes ou em formato *shell voicing* ou em formato *drop two*.

O formato "shell voicing" tem apenas a tônica, a 3ª e a b7ª de um acorde. Ele não tem a 5ª do acorde ou qualquer outra extensão.

A terça e a sétima de qualquer acorde são as duas notas que definem a sua qualidade. Nenhuma outra nota é necessária, nem sequer a tônica, e, na verdade, eu normalmente evito tocar a tônica junto se eu estiver tocando com um baixista virtuoso.

Nós aprenderemos a tocar vários formatos de "shell voicings" diferentes para os acordes no blues de 12 compassos. Eles são fantásticos para serem usados ritmicamente quando não temos muito espaço harmônico para tocar acordes maiores. Os "shell voicings" também nos ajudam a aprender boas linhas entre mudanças de acordes.

Aqui estão alguns formatos de "shell voicings" para um acorde de A7.

Exemplo 11a:

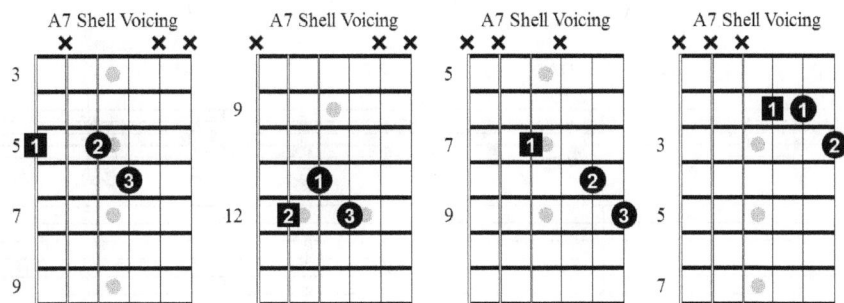

Esses formatos podem ser tratados exatamente como os acordes com pestana, portanto eles podem ser movidos para qualquer lugar do braço. Por exemplo, nós poderíamos tocar os acordes de um blues básico apenas usando o formato móvel na 6ª corda.

Exemplo 11b:

Isso é, entretanto, um pouco simplístico, então vamos olhar como tocar esses formatos em uma posição no braço no **exemplo 11c:**

Tente usar esses formatos de acorde em uma progressão de blues completa e lembre-se que todas as ideias que nós temos para ritmo e aproximação de acordes por semitons continuam sendo aplicáveis. O seu blues de 12 compassos poderia soar assim agora:

Exemplo 11d:

E7 Eb7 D7 Ab7 A7 D7 A7 E7

O exemplo anterior é deliberadamente simples ritmicamente e harmonicamente. Ele oferece apenas movimento suficiente para manter as coisas interessantes como material de estudo, mas você também pode querer tocar ainda menos em uma situação com banda.

Esses exemplos não exploraram realmente como tocar "shell voicings" em grupos de cordas mais agudas. Vejamos como nós podemos tocar os acordes nas três ou quatro cordas mais agudas no **exemplo 11e**:

A7 D7 E7 D7

Aqui estão os "shell voicings" que você precisa para tocar um Bm7.

Bm7 Shell Voicing   Bm7 Shell Voicing   Bm7 Shell Voicing   Bm7 Shell Voicing   Bm7 Shell Voicing

Agora, nós temos todos os formatos necessários para tocar um blues estendido. O exemplo seguinte mostra como navegar pelos acordes em um blues de 12 compassos com um turnaround em 1 6 2 5. Quando você tiver memorizado os formatos de acordes, tente adicioná-los nos seus próprios ritmos e acordes de aproximação para deixar a música mais no seu estilo.

Lembre-se, a ideia toda por trás dessa abordagem é manter as coisas simples e deixar espaço para os outros tocarem.

Quando você tiver aprendido esse exemplo, tente descobrir tantas maneiras quanto possível for através das mudanças dos "shell voicings" em diferentes grupos de cordas. Você pode começar com o primeiro acorde de A7 seja na 6ª, 5ª, 4ª ou 3ª corda e, então, tentar descobrir o formato mais próximo possível para o próximo acorde.

Exemplo 11f:

Eu mencionei anteriormente que você podia tocar apenas as 3ª e 7ª de cada acorde sem as notas do baixo. Essa ideia é boa porque ela nos ensina a ver e ouvir as notas mais importantes do acorde como formatos próximos e conectados. Por exemplo, aqui estão apenas os quatro últimos compassos do exemplo anterior só com as 3ª e as 7ª:

Exemplo 11g:

Quando eu ensino meus alunos esses movimentos na guitarra, parece sempre um pouco surpreendente para eles enxergar como esses acordes estão tão próximos. Esses *sons guia* também podem ser usados como uma ideia de solo para enfatizar cada acorde que estamos tocando.

Pratique com afinco durante bastante tempo, treinando como tocar formatos próximos de sons guia em cada um dos grupos de duas cordas. Por exemplo, tente tocar todo o blues de 12 compassos usando apenas 3ª e 7ª na primeira e segunda cordas, segunda e quarta, terceira e quarta e quarta e quinta.

Capítulo 12 - Formato de Acordes "Drop 2"

No capítulo anterior, nós vimos os "shell voicings" como um método para nos tirar de uma harmonia e ritmo cheios e focar em tocar apenas formatos de registro baixo a fim de não poluir a extensão onde os cantores e solistas costumam tocar.

Os acordes *Drop 2* também são uma boa maneira de ficar fora do caminho de partes harmônicas cheias, entretanto dessa vez nós normalmente tocamos em um registro mais *alto*, onde o timbre da guitarra não é tão denso. Esses acordes são bastante úteis em tempos mais rápidos onde nós podemos tocar mais percussivamente e inserir mais ataques aos acordes em vez de deixar as cordas soando por longos períodos.

O "Drop 2" é simplesmente uma técnica de arranjo musical onde a segunda nota mais aguda em um acorde desce (do inglês, "drop") uma oitava. Por exemplo, aqui está o acorde de A7 em um formato com empilhamento em "posição fechada".

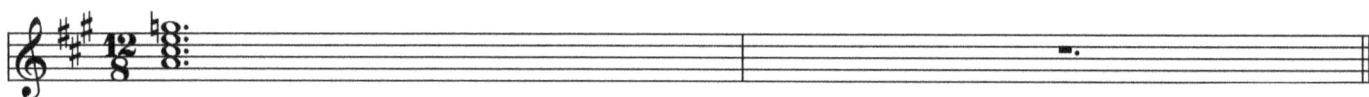

Quando descemos a segunda nota mais aguda em uma oitava, o acorde é chamado de formato "drop 2":

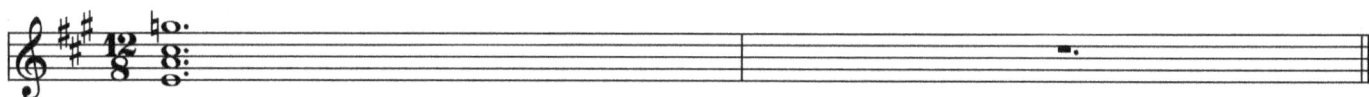

Mais uma vez, esse não é um livro de teoria, para mais informações você pode checar o meu livro **Drop 2 Chord Voicings for Jazz and Modern Guitar.**

É normal que os acordes em "drop 2" sejam tocados apenas nas cordas mais agudas que é onde focaremos aqui, mas vale a pena tentar encontrar esses formatos de acordes nas quatro cordas do meio também.

Qualquer acorde "drop 2" pode ser tocado em cada uma das quatro inversões. Isso oferece quatro formas diferentes de tocar cada acorde. Você pode reconhecer alguns dos formatos a seguir.

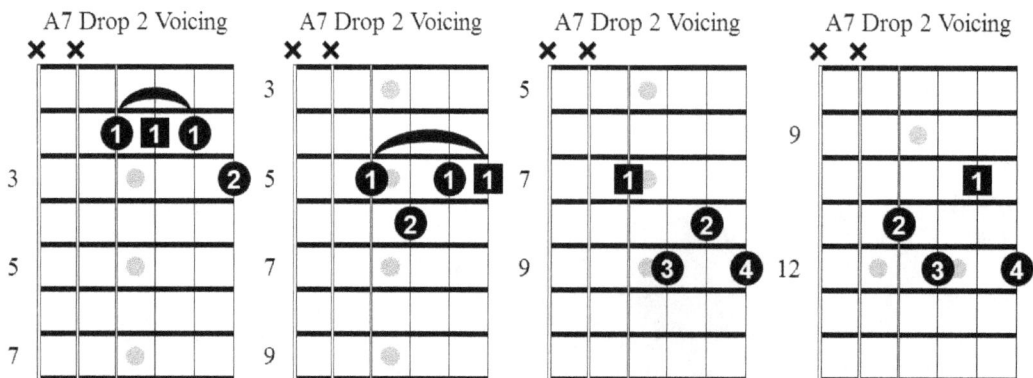

Estes são quatro formatos "drop 2" diferentes, exatamente do mesmo acorde de A7, arranjados da posição mais grave para a posição mais aguda do braço. Perceba que o quadrado em cada exemplo é a tônica do acorde e é também a nota mais grave apenas em um dos formatos de acorde.

Comece tocando todos os quatro formatos da seguinte maneira.

Exemplo 12a:

Depois, nós podemos ligar os acordes no blues de 12 compassos utilizando o formato mais próximo de cada acorde. Começando em uma das cordas de cada vez, nós temos quatro maneiras relacionadas por proximidade para tocar a progressão I, IV, V:

Exemplo 12b:

Exemplo 12c:

Exemplo 12d:

Exemplo 12e:

Saber como se mover entre os acordes I, IV e V em quatro posições dessa maneira é essencial, já que agora poderemos abranger todo o braço quando estivermos tocando a guitarra base no blues. Nós sempre poderemos nos mover para um formato próximo e manter uma boa voz principal entre as partes dos acordes. Nós também podemos usar mais do que um acorde por compasso para criar uma linha melódica com a nota aguda de cada formato como demonstrado no **exemplo 12f:**

Perceba como eu aproximo todos os acordes no exemplo anterior com slides de semitons nos acordes, sejam graves ou agudos, para ajudar a manter a melodia fluindo. Esses tipos de ideias são praticamente ilimitadas, portanto ter uma boa noção dos acordes "drop 2" por todo o braço é bastante útil quando nós queremos criar uma parte rítmica interessante e *melódica* sem acordes muito "cheios".

Nós também podemos adicionar os formatos "drop 2" no acorde de Bm7 e usá-los da mesma maneira:

Aqui está uma forma de tocar o turnaround I VI II V na tonalidade de A:

Exemplo 12g:

Como nos exemplos anteriores, tente encontrar tantas maneiras diferentes de tocar essa progressão de acordes quanto você puder. Varie o início a partir de um formato diferente do acorde de A7.

Finalmente, nós iremos ver alguns exemplos de padrões rítmicos que nós podemos usar com o formato "drop 2".

Exemplo 12h:

Exemplo 12i:

Exemplo 12j:

É claro que o padrão rítmico que nós tocamos dependerá do groove da música, portanto use o seu ouvido para entrar no clima da banda.

Capítulo 13 - O Blues Menor

Até agora, nós estamos examinando o blues de 12 compassos baseado em acordes dominante com 7ª. Essa é provavelmente a forma mais tocada desse tipo de blues, mas há mais uma abordagem bastante útil que nós podemos utilizar nos formatos de acorde.

Nós podemos basear toda a progressão de 12 compassos em acordes menores para criar um clima bastante sombrio. É aceitável tocar *cada* acorde nessa progressão como um acorde menor, entretanto nós normalmente utilizaremos o acorde dominante V (E7) para dar tensão quando for resolvido no acorde tônica (A7).

Essa é a estrutura para um blues menor básico.

Exemplo 13a:

Perceba a mudança para A7 no compasso quatro para ajudar a criar uma transição suave para o Dm no compasso cinco. No compasso seis, eu uso um acorde de Dm7 para dar um pouco de colorido e, no compasso 12 eu uso um E7, não um Em, para ajudar a criar a tensão no fim da estrutura.

Aqui está o novo vocabulário de acordes que você precisará para a progressão anterior.

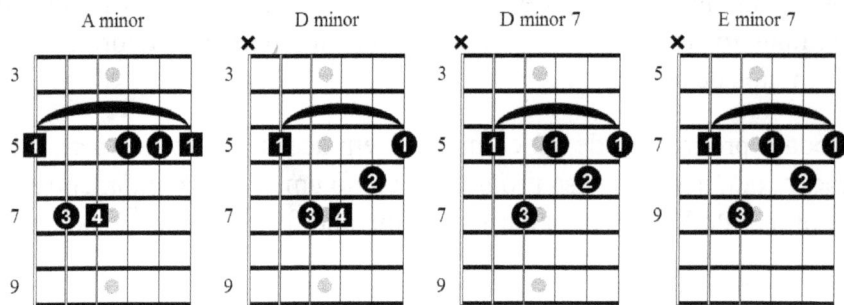

Assim como com o blues Dominante com 7ª, há muitas técnicas que nós podemos usar para adicionar estilo e movimento a progressão de blues menor.

Toque toda a progressão seguinte e fique atento para exemplos de

1) Substituições

2) Acordes de aproximação por semitons acima e abaixo.

3) Uso de acordes alterados

4) Mudanças de acordes menores para acordes dominantes no mesmo compasso

Exemplo 13b:

Ouça músicos como Gary Moore e B.B. King, já que eles costumam usar variações de blues menor em suas músicas.

Capítulo 14 - Outras Formas de Blues

O Blues de 8 Compassos

O blues de 12 compassos não é a única estrutura estabelecida no blues. O blues de 8 compassos é usado frequentemente em muitas músicas e é uma importante forma para se conhecer. Há muitas variações, mas a estrutura básica é normalmente algo assim: **exemplo 14a:**

Outra variação é mostrada no **exemplo 14b:**

Não é incomum mover-se do acorde IV (D maior ou D7) para o acorde iv *menor* (D menor ou Dm7) no compasso quatro.

Exemplo 14c:

Esse é o vocabulário de acordes que você precisa para o exemplo anterior. Tente trocar de D menor para um D menor com 7ª.

Assim como alteramos os acordes e a estrutura do blues de 12 compassos, nós podemos ter uma abordagem similar tocando o formato de 8 compassos.

No exemplo seguinte, nós podemos inserir um acorde de Eb diminuto no compasso quatro e um turnaround I VI II V nos compassos cinco e seis. Dessa vez, entretanto, o acorde VI (F#) é tocado como um acorde menor em vez do acorde dominante com 7ª que nós usamos anteriormente. Esse acorde de F#m7 é tecnicamente o acorde "correto" para se tocar na tonalidade de A maior, mas acordes são normalmente trocados livremente no blues.

Exemplo 14d:

Claro que nós podemos inserir qualquer uma das nossas ideias harmônicas do blues de 12 compassos também. Aqui está uma forma de inserir o bVI no compasso seis, eu também temperei os acordes com 7ª com algumas 9ª, 13ª e acordes de aproximação.

O ritmo é bem simples para que você possa se concentrar na nova forma de 8 compassos, mas sinta-se a vontade para temperar um pouco as coisas. Você também pode considerar o uso de acordes "drop 2" e ou "shell voicings" nessa música. Há muitas possibilidades para variar essa progressão de acordes, portanto não leve essa versão como a única possibilidade.

Exemplo 14e:

O Blues de 16 Compassos

Outra forma bastante conhecida de blues é o de 16 compassos. Ele é usado em músicas famosas como Hoochie Coochie Man (Muddy Waters) e Oh Pretty Woman (A.C Williams).

Geralmente, o blues de 16 compassos pode ser visto como um blues de 12 compassos com 4 compassos extras no final. Uma forma simples é perceber isso no **exemplo 14f**:

Outras formas do blues de 16 compassos às vezes repetem o movimento do V para o IV (acordes dominante e subdominante) nos compassos de nove até quatorze como mostrado no **exemplo 14g**:

Você também irá notar que o o blues de 16 compassos fica no acorde I (A7) por um longo tempo. Essa pode ser uma boa oportunidade para fazer uso dos formatos de acorde "drop 2" em diferentes inversões, criando uma melodia móvel na região aguda dos acordes como você aprendeu no exemplo 12f.

Você pode ouvir essa ideia de oito compassos no acorde I no **exemplo 14h:**

Não é incomum encontrar esse tipo de progressão em músicas de pop ou rock, já que às vezes os compositores não querem muito movimento harmônico no início do verso.

Capítulo 15 - Conclusões

Esse livro foi desenvolvido para levá-lo dos princípios fundamentais do blues de 12 compassos básico até algumas substituições de acordes, ritmos e preenchimentos melódicos relativamente complexos. A ênfase esteve em acompanhar a banda, enriquecer a música e definir o que tocar e o que não tocar.

Normalmente, menos é mais. A guitarra também pode ser um instrumento percussivo, portanto não tenha medo de preencher os espaços com notas fantasmas, acordes esparsos e, em caso de dúvida, fazer silêncio. Você não precisa tocar todos os acordes se houver outro instrumento para tocá-los por você.

Todas as vezes que você tocar, seja estudando ou em uma banda, tente gravar as suas performances e perceber o que sua parte de guitarra está acrescentando na música. Você pode ter a sensação de que deveria tocar mais *ou* menos, que você precisa trabalhar *mais* junto com o baixo ou bateria, *contra* o baixo e bateria ou talvez apenas fornecer o *preenchimento harmônico* de tocar um acorde por compasso.

Também é bom fazer uma reunião com a banda para descobrir exatamente o que e quando cada instrumento está tocando. Certamente, sempre deve haver espaço para espontaneidade e improvisação, mas o tempo no estúdio de ensaio construindo a canção a partir do esboço pode realmente revolucionar o som da sua banda.

Eu normalmente gosto de começar apenas com o baterista tocando junto com o metrônomo. A partir daí, adicionar o baixo e, quando eles começam a entrar no ritmo, que eu sinto que é a hora de trazer os instrumentos harmônicos. Não há regras específicas para isso, mas eu gosto de deixar o tecladista tocar primeiro para que eu possa preparar a minha parte baseado nele.

Pode ser desafiador ter uma guitarra e um teclado em uma banda já que ambos os instrumentos ocupam bastante espaço. Peça ao tecladista para tocar apenas com a mão direita se a música estiver muito preenchida nas frequências da guitarra ou se ele já estiver tocando os acordes em regiões mais agudas, você pode tentar utilizar "shell voicings" em regiões mais graves da guitarra.

Se houver dois guitarristas na banda, *NÃO toquem a mesma coisa*. Ou fique de fora ou arranje as coisas de forma que vocês usem abordagens diferentes em registros diferentes. Por exemplo, se uma guitarra estiver tocando um riff com cordas soltas, você pode tentar tocar *preenchimentos* com acordes "drop 2" ou partes rítmicas destacadas. Você pode só cuidar dos preenchimentos melódicos entre os acordes ou dos licks de blues entre os vocais: no estilo B.B. King. Não gaste tudo, guarde um pouco para o solo.

Se você estiver fazendo um cover de uma canção, ouça tantas vezes quanto puder as gravações da música pelo maior número de artistas possível. Veja a instrumentação que eles usaram e como eles construíram a canção com seus estilos pessoais. Isso deve inspirá-lo e guiá-lo na busca pela identidade que você quer como músico.

Há milhares de artistas de blues por aí e tentar criar uma lista definitiva de músicos que você deveria ouvir é, para ser bem sincero, uma tarefa impossível. Nas próximas páginas, eu tentei listar alguns artistas e álbuns específicos que você pode achar útil ouvir. Essa lista não é de forma nenhuma definitiva, então, por favor, não me envie e-mails com raiva se o seu artista favorito não estiver nela.

Não se esqueça, aquilo que pode ser chamado hoje de rock tem definitivamente suas raízes diretamente fincadas no blues. Ouça bandas como Led Zeppelin, Cream, Pink Floyd, The Who e AC/DC. Ouça as influências do blues e perceba o que torna essa música no Rock que conhecemos.

Para facilitar a comunicação, a maioria dos exemplos foram compostos na tonalidade de A, entretanto você deve entender que *qualquer* tonalidade é uma tonalidade comum para se tocar blues. Algumas das tonalidades mais normais são E, G e C, mas se houver um instrumento de sopro ou metais na banda, você pode precisar tocar nas tonalidades de Bb, Eb, Ab ou Db. Todos os formatos de acordes com pestana nesse livro são obviamente móveis, mas se um riff utilizar cordas soltas, você pode precisar ser muito criativo para mover aquela ideia para uma tonalidade incomum para guitarristas.

Muitas músicas de blues (e claro rock) são na tonalidade de Eb e são tocadas com riffs em cordas soltas na guitarra. Isso é conseguido simplesmente afinando a guitarra meio tom abaixo para que a afinação das cordas soltas fique Eb, Ab, Db, Gb e Eb.

Stevie Ray Vaughan e Jimi Hendrix, entre muitos outros artistas famosos normalmente tocam com a guitarra afinada em Eb. Há algumas razões para isso, primeiramente o registro de voz masculino pode ficar bastante confortável nessa afinação, mas a razão principal é que a Fender Stratocaster afinada em Eb, com cordas grossas (0.11 ou 0.13) e um amplificador distorcido combinam lindamente. Normalmente, eu deixo uma guitarra reserva afinada em Eb, caso eu precise transcrever um solo ou fazer uma apresentação de última hora.

O timbre da guitarra é outro ponto importante. Eu poderia escrever outro livro só falando sobre timbres, mas é suficiente dizer aqui que para a guitarra rítmica do blues, dependendo do contexto, eu buscaria um som "clean" que comece a distorcer levemente quando se palhetar mais forte. Uma dica é usar o controle de volume para ter controle extra do timbre. Nem todos os guitarristas estão cientes da diversão que podem ter com um amplificador distorcido controlado pelo uso correto do botão de volume e das muitas texturas que isso pode criar.

O melhor conselho que eu posso dar a qualquer um é ouvir o máximo que você puder do estilo que deseja tocar. Transcreva as partes de guitarra rítmica, *mesmo* se conseguir entender *apenas* o ritmo. Os diferentes formatos de acordes são insignificantes se comparados ao que você pode aprender entendendo o estilo do seu músico favorito.

Divirta-se e boa sorte.

Joseph

Integre-se

Junte-se a mais de 5000 pessoas que recebem seis aulas de guitarra diariamente no Facebook:

Para Mais de 200 Aulas de Guitarra Com Vídeos Grátis, Acesse:
www.fundamental-changes.com

Twitter: @guitar_joseph
FB: FundamentalChangesInGuitar
Instagram: FundamentalChanges

Audições Recomendadas

Albert Collins - Cold Snap
Albert Collins, Robert Cray & Johnny Copeland – Showdown!
Albert King – Born Under A Bad Sign
Arthur 'Big Boy' Crudup – That's All Right Mama
Bessie Smith – The Complete Recordings, Vol. 1
Big Bill Broonzy – Trouble In Mind
Billie Holiday –Songs for Distingué Lovers
Blind Willie McTell – The Definitive Blind Willie McTell
Bo Diddley – Bo Diddley Is a Gunslinger
Buddy Guy & Junior Wells – Buddy Guy & Junior Wells Play the Blues
Bukka White – The Complete Bukka White
Charley Patton – Pony Blues
Elmore James – Shake Your Moneymaker: The Best of The Fire Sessions
Etta James – The Chess Box
Furry Lewis – Shake 'Em On Down
Gary Moore - Blues for Greeny
Howlin' Wolf – The Chess Box
Jimi Hendrix - Are You Experienced
Jimmy Reed – Blues Masters: The Very Best Of
Joe Bonamassa - Live from the Albert Hall
John Lee Hooker – Alternative Boogie: Early Studio Recordings 1948 – 1952
Johnny Winter - Johnny Winter
Leadbelly – King of the 12-String Guitar
Lightnin' Hopkins – The Complete Prestige/Bluesville Recordings
Lightnin' Slim – Rooster Blues
Lonnie Johnson – The Complete Folkways Recordings
Magic Sam – West Side Soul
Mance Lipscomb – Texas Sharecropper & Songster
Memphis Minnie – The Essential Memphis Minnie
Mississippi John Hurt – 1928 Sessions
Muddy Waters – At Newport 1960
Otis Rush – Cobra Recordings: 1956-1958
Pink Anderson – Ballad and Folksinger – Vol. 3
R.L. Burnside – Wish I Was in Heaven Sitting Down
Reverend Gary Davis – Harlem Street Singer
Robben Ford - Talk to your Daughter & Worried Life Blues
Robert Johnson – King Of the Delta Blues Singers
Skip James – The Complete Early Recordings Of Skip James – 1930
Smoky Babe – Hottest Brand Goin'
Son House – Father Of The Delta Blues: The Complete 1965 Recordings
Sonny Boy Williamson [II] – One Way Out
Stevie Ray Vaughan - Texas Flood & Couldn't Stand the Weather
T-Bone Walker - I Get So Weary
T-Bone Walker – The Complete Imperial Recordings: 1950-1954
Tommy Johnson – Canned Heat (1928-1929)
Willie Dixon – I am the Blues

Há realmente muitos grandes albuns de blues para se mencionar, então aqui está uma lista dos guitarristas de blues modernos que você deveria ouvir:

Albert King
B.B. King
Big Bill Broonzy
Blind William Jefferson
Bonnie Raitt
Buddy Guy
Chris Duarte
David Gilmour
Duane Allman
Eric Clapton
Freddie King
Gary Moore
Jack White
Jeff Healey
Jimi Hendrix
Jimmy Page
Joe Bonamassa
John Lee Hooker
John Mayer
Johnny Winter
Jonny Lang
Kenny Wayne Shepherd
Lead Belly
Lightnin' Hopkins
Luther Allison
Muddy Waters
Otis Rush
Peter Green
Robben Ford
Robert Cray
Robert Johnson
Rory Gallagher
Roy Buchanan
Sonny Landreth
Stevie Ray Vaughan
Sue Foley
T-Bone Walker
Wes Montgomery

Eu tenho certeza que não consegui incluir os favoritos de todas as pessoas, então peço desculpas antecipadamente.